Lutz Seiler

AM KAP DES GUTEN ABENDS

Acht Bildgeschichten

Insel Verlag

Insel-Bücherei Nr. 1455

AM KAP DES GUTEN ABENDS

Pieter Codde, Bildnis eines Mannes mit Uhr, 1633/34

MANN MIT UHR

»Die Uhren würden traurig werden,
wenn ich sie verließe ...«
Hans Henny Jahnn

»Die Zeit, die Zeit, was soll mit ihr sein? Die Tage haben ihren Lauf, dann wird es dunkel, dann ist es Nacht, und die Zeit bleibt stehen, für eine längere oder kürzere Weile, wie es die Sonne eben will.« Der Assistent des Uhrmachers verbeugte sich im Gehen, soweit das möglich war, und pflichtete dem edlen Herrn schweigend bei. Vielleicht hatte er ihn auch gar nicht recht verstanden, denn dessen Stimme war noch belegt vom Schlaf und seine Rede mehr ein Krächzen gewesen. Sie gingen den Oudezijds Voorburgwal hinunter, überquerten den Kanal und hielten auf die Oude Kerk zu. Ihnen voraus schritten zwei Fackelträger, Knechte vom Hof des Uhrmachers wahrscheinlich, in grobes, aber sauberes Leinen gekleidet.

»Die Zeit spielt keine Rolle«, hob C. nochmals an, aber die Glocken der Oude Kerk schnitten ihm das Wort ab; die vierte Stunde wurde geschlagen. Inzwischen hatten sie den Hof des Uhrmachers erreicht. Noch einmal empfand C. einen Unmut über den Meister, der ihm solche Umstände bereitete, aber wieder konnte keine rechte Wut daraus werden, denn im Grunde erstaunte ihn der Mann, der schon Uhren für Könige gemacht hatte, und das, wie es hieß, auf ebendiese, seine eigene wunderliche Weise. Die Königin von Spanien in solchem Morast, einfach undenkbar, flog es C. durch den Kopf, als sie den von Fackeln erleuchteten Hof überquerten, auch hatte es zu dämmern begonnen.

Der Uhrmacher aber, ein sanfter, fast glatzköpfiger Mann mit buschigen Augenbrauen, die wie frisch gefettet glänzten im Feuerlicht, trat ihm mit Demut und Ruhe entgegen; er bedankte sich für sein Kommen zu dieser frühen Stunde, ein Umstand, der allerdings unausweichlich sei »für das Fabrizieren einer eigenen Mechanik«, wie er betonte, das Wort »eigenen« schien ihm am Herzen zu liegen. C., der nicht wusste, woraus Uhren gemacht waren und was sie eigentlich antrieb (er sah die kleine Dose als eine Art Schmuck, ähnlich einer Schnupftabakdose, aus der man ab und zu etwas schnupfte, eine Prise dieser neumodischen Zeit, falls sie genießbar wäre), hatte sich vorgenommen, vor dem Dosenmacher seine Unkenntnis nicht preiszugeben, konnte die Verwunderung jedoch nur schlecht verbergen, als dieser ihn direkt zu den Schweineställen führte.

Vorsichtig öffnete er einen der Ställe und begann leise ein Lied ins Dunkel zu summen. Ein Tier nach dem anderen erhob sich aus dem Stroh, mächtige Leiber, ein vorfreudiges Gegrunz und leises Quieken hob an (offensichtlich erwarteten die Tiere ihr Morgenfutter), und erst dann entzündete der Uhrmacher die Kerzen in ihren eisernen Halterungen hoch über den Futtertrögen. Zu allem Überfluss begann der Mann mit den Tieren zu sprechen, verständig, leise, dabei schob er sich langsam mitten in ihre Versammlung hinein und fasste mal diesem, mal jenem ins borstige Fell.

»Wie Sie sehen, haben wir unsere eigenen Schweine, sicher, nichts anderes steht zu erwarten für die erste Werkstatt im Lande und ihre ehrwürdigen Kunden, wenn ich das sagen darf, mein Herr. Nun, ich glaube, sie sind allesamt geeignet, aber bitte, nun sei es ganz in Ihrer Hand, mein edler Herr«, sagte der Uhrmacher. Inzwischen hatte C. begriffen, dass es zur Herstellung der Uhr aus irgendeinem Grunde nötig war, eines der Schweine (sein *eigenes* Schwein) auszuwählen, und also zeigte er kurzerhand auf das Tier, das ihm am nächsten stand.

»Dieses, nehmen Sie dieses.«

»Oh, nein, bitte, bitte verzeihen Sie …« Ohne Umschweife ergriff der verrückte Uhrenmensch die Hand des edlen Herren und führte sie über das Fell des Tiers, auf das er gezeigt hatte, dann über das eines weiteren und des nächsten, und so zog er ihn im ganzen Stall herum, bis alle Schweine betastet waren.

»Nun, mein Herr, was meinen Sie?«

Die plötzliche Berührung hatte C. beinahe ganz aus der Fassung gebracht, er hatte schreien, sich losreißen wollen, aber die Wärme der großen, grunzenden Körper sog all sein Erschrecken augenblicklich auf, sie verwandelte ihn, und schließlich ging er wie ein Kind umher an der Hand des glatzköpfigen Meisters, und seine Augen glänzten im Kerzenschein. Am Ende trat C. noch einmal selbst zwischen die warmen, freundlichen Tiere, fuhr langsam über dieses oder jenes Fell, streichelte, liebkoste es, und einmal konnte er sogar den Herzschlag spüren – so traf er seine Wahl.

Später erblickte man C. nie wieder ohne seine Uhrendose; und tatsächlich galt sie als ein Meisterstück. Für C. allerdings war sie wertvoller als jeder Schmuck, sie war sein *lieber Gegenstand*, »ein kostbar Ding, kostbarer und vertrauter mir als manche meiner Nächsten«, so hätte er es wohl gesagt, wenn das nicht zu absurd geklungen und ungünstig zugleich vor seiner Frau (mit *ihr* hatte er sich nie porträtieren lassen) und seinem Vater, der noch lebte, obwohl C. schon selbst fünfundvierzig Jahre zählte; fünfundvierzig und verliebt in ein Ding.

Für den lächerlichen Stundenzeiger hatte C. sich nie besonders interessiert und auch nicht für den Ziffernring, arabisch, eingelegt, und für all die Spezialitäten, die der überschwängliche Geselle des Meisters gerühmt hatte bei Überbringung der Dose: Löffelwaag, Stackfried, gravierte Lanetten und, ja, der Bergkristall des Deckels, sehen Sie, das Monogramm im Scharnier und schließlich hier, der *Schweineborstenregulator* – er gebrauchte diesen öden Ausdruck, ungefragt. C. versteinerte und schwieg, worauf der Geselle sich dazu verstieg, über eigene Dinge zu sprechen.

»Mein Herr, ich bin bei Johan May in Cölln an der Spree zur Lehr gegangen, auf einer Insel im fernen Brandenburg, dort bei Alt-Berlin haben wir Uhrdosen gemacht im Gehäuse aus gehöhltem Edelstein, ich könnte Ihnen…« C. hob den Arm, händigte die Summe aus und etwas mehr und befahl den Gesellen hinaus.

Ja, der Zeiger, die Zahlen, sicher, das alles gehörte dazu. Hob C. jedoch das Kästchen aus Kristall vor seine Augen, wollte er nichts anderes, als die liebe Borste seines Schweines sehen. Das feine Borstenhaar in seinem matten Glanz, und wie es gebogen war und endlos sich stemmte gegen den zu raschen Gang der Zeit in ihrer vergoldeten Mechanik. So wie das Tier (sein *eigenes* Tier) sich gestemmt hatte gegen den Tod.

»Eine gute Wahl, edler Herr«, hatte der Uhrmacher gesagt. Panisch war das Schwein von einer Ecke in die andere gesprungen, so dass auch die beiden Knechte es nicht packen konnten und einen Strick gebrauchen mussten mit einer Schlinge, die sie dem Flüchtling um die Fessel zogen (sein erbärmliches Geschrei), um ihn mit vereinten Kräften aus dem Stall zu schleifen. Hob C. sich jetzt das Kästchen vor die Augen, fand er sich wieder dort draußen, im Hof. Er sah das Tier, er sah die Kraft der Todesangst – und ihre Vergeblichkeit. Er sah, wie sie den großen Körper grob zu Boden stießen. Er sah die Magd, den Zuber und das Blut, wie es hervorschoss, wie die Frau es auffing und schlug mit ihrem Quirl, damit es nicht gerann.

Auch nachts trennte sich C. nicht mehr von seinem kleinen tickenden Kästchen. Vor dem Schlafen presste er den kühlen Bergkristall des Deckels an sein Ohr und war sofort geborgen. Hier lag er und lauschte in seine eigene Höhle. Im Traum war es ein kleiner Sarg aus Glas. Dann ein gutes warmes Tier, sein Herzschlag und das Borstenhaar, in das die Zeit eingeschlossen war.

Karl Philipp Schwab, Gruppenbild eines Vaters mit zwei Söhnen, 1839

ZITRONENPELARGONIE

Wenn die Söhne etwas nicht verstehen, beginnt der Vater mit Erklärungen, und zwar von allem Anfang an, *bei den Grundlagen*, so nennt er es. »Was wollt ihr einmal ohne die Grundlagen tun, ohne Kenntnis der Dinge, auf die alles aufbaut, einfach alles beruht?« Durch knappe klare Fragen, bestechend in ihrer Logik und Pädagogik, führt er die Kinder heraus aus ihrem Dämmerdunkel, Schritt für Schritt. Aber seine Schüler bleiben stecken, straucheln, und also kehrt der väterliche Lehrer – die gewissenhafte Weltanschauung befiehlt es ihm geradezu – zu den Voraussetzungen, zum Urschleim zurück. Fragen, welche die Grundregeln des Rechnens mit gebrochenen Zahlen betreffen, werden wiederholt gestellt, einmal so und einmal so, nur leider etwas harscher jedes Mal.

»Das rechnen mir die Zirkusaffen …«

»Den Kopf wohl nur zum Haareschneiden …«

»Klapp endlich deine Augen auf …«

»Herrjemine!«

Die Stimme des Vaters ist viel lauter jetzt, als er es je im Sinn gehabt, während die Köpfe der Eleven sich tiefer beugen über ihre Rechenschieber und Papiere. Das allgemeine Rauschen hat begonnen in ihren Kinderschädeln, dann der erste Schrei. Aus irgendeiner Höhe saust die Faust auf ihren Tisch, die Tinte spritzt, die Federn springen. Ein Schlag, der auch den großen, langgestreckten Zweig der Zitruspelargonie knickt, die *sie*, die liebe Köchin, für das Herbarium beschafft und schon beschriftet hat mit einem Etikett: *Pélargos, grch. Storch, Blüte storchenhaft, 200 Arten, seit 1600 in Europa, 1700 in Schwaben, verw. als Parfüm, Gewürz, Arznei, bei Reibung der Blätter starker Geruch, hilft beim Denken.*

Aber jetzt hilft gar nichts mehr. Der Blick verschwimmt, der Jüngste weint ganz unverhohlen. Längst ist der Vater aufgesprungen, er atmet schwer durchs Zimmer, auf und ab, zum Fenster und zum Tisch zurück; Zitronengeruch.

Gut. Der Vater selbst ist einmal Sohn gewesen, und ja, damals wurden noch ganz andere Saiten aufgezogen, aber was heißt Saiten …

»Nicht gewusst, hieß nicht gelernt, versteht ihr das?«

Die Söhne schweigen lieber. Während der Vater an den eigenen Vater denkt, an die allein für ihn bestimmte Beute aus den Befreiungskriegen …

»Kennt ihr den Siebenriemer?«

»Nein.« Ein leises, fast unhörbares Nein.

»Sieben mal sieben Lederstreifen über Beine oder Rücken oder beides, je nachdem, sind neunundvierzig Peitschenhiebe oder zweimal neunundvierzig sind schon achtundneunzig«, so rechnet es der Vater vor, »während ich an diesem Tische gestanden, ohne Hose oder Hemd, je nachdem, und *es* gestehen sollte.«

»Was denn gestehen, lieber Herr Vater?«

»Nicht gelernt zu haben.«

»Und haben Sie es zugegeben?«

»Erst nein. Dann ja.«

»Warum?«

»Weil der Vater recht hatte damit.«

Die Söhne schweigen wieder. Der Kleine dreht am Globus. Die Erdachse quietscht.

»Die Väter haben recht, man versteht es nur eben erst später. Aber gut, jetzt lasst uns Träume hören.«

Der Vater schlug das Buch auf, das an jedem Morgen schon bereitlag auf dem Tisch, er nannte es das *Traum- und Küchenbüchlein*. Das ganz Unglaubliche an dieser Stunde war, dass der Vater alles mitschrieb, einfach alles, was die Kinder ihm erzählten, als wäre er ihr Sekretär. Seit einiger Zeit begannen die Träume des älteren Sohnes (er war dem Vater wie aus dem Gesicht geschnitten) wie reine Mathematik; sie ähnelten den Textaufgaben aus ihrem Unterricht:

»10 Hasen hüpften um einen Baum …« oder

»3 Wölfe wollten einen Fuchs fangen. Dann sahen sie den Bären …« oder

»8 Läuse haben 6 Kinder gebissen …« Und so weiter.

Der Vater zweifelte nicht, er schrieb, denn das war doch ihr schönstes Beieinandersein, sie alle drei und alle Träume, auch die der Algebra und sogar die ausgedachten. Sicher, er hatte die Schatten gesehen unter den Kinderaugen. Es war diese Hilflosigkeit, die dem Vater ins Herz schnitt. Die Erkenntnis des Schmerzes. Dass die Welt eine Enttäuschung war.

Der jüngere Sohn (die schönen Bögen seiner Augenbrauen, der Mutter wie aus dem Gesicht geschnitten) träumte anders von den Dingen:

»Wir hatten das Haus neu bekommen. Aber unsere liebe Mutter war schon im Himmel, und Sie, Herr Vater, haben im Garten umgegraben. Plötzlich lag da so ein armes schwarzes Kindlein in der Erde. Sie haben mich gerufen, dann haben Sie es ausgegraben, ganz vorsichtig, mit dem Spaten des Gärtners, und dann haben Sie dem Kindlein einen schönen warmen Brei gebracht. Und ich hab es gewaschen und angezogen mit meinen Sachen, alles passte, wie gemacht dafür.

Dann haben wir das Kindlein auf die Chaiselongue gelegt, in den Musiksalon. Wir haben ihm noch einmal Speis und Trank gereicht und einen Tee mit Zitrone.« Selbstvergessen rieb der Kleine an dem Zweig, der vor ihm lag, zerknickt. Der Zitrusduft war stark und wunderbar. »Irgendwann habe ich mich zu ihm gesetzt und seinen schwarzen Bauch gestreichelt, weil es Schmerzen hatte. Und dann hat es bei uns gelebt, ich meine gelebt wie wir, wie richtige Leute. Aber dann, eines Tages, kam seine eigene Mutter und hat es abgeholt. Sie sagte, sie hätte uns die ganze Zeit aus der Ferne zugeschaut und sich diese und jene Gedanken gemacht – wie alle Eltern es tun, nicht wahr, Herr Vater?«

Der Vater schrieb, schrieb alles auf, weshalb er jetzt nicht sprechen konnte. Ob er nicht doch wieder heiraten sollte? Die Köchin vielleicht?

Am Ende legt er die Feder beiseite, und das Postkutschenspiel beginnt, gleich in vollem Galopp. Die Kinder kreischen. Der Vater ist Kutscher und Kutsche zugleich, vor allem aber ist er das Pferd, ein Bärenpferd mit breiten Hufen, die durch die Kurven stampfen; die Kinder, die auf seinen Oberschenkeln reiten, werden auf und ab, hin und her geworfen. Man kann sich wirklich kaum noch halten in der Kutsche, die Stimmen springen, ein Gejauchze und Gejohl – die schlechten Wege machen alles unverständlich. Dann ist die Grenze des Landes erreicht. Das Bärenpferd wiehert, ein bewaffneter Posten taucht auf. Die Kinder kramen nach ihren Papieren, zuerst der Passierschein (ein tränenverschmiertes Übungsblatt voller gebrochener Zahlen), dann das Zertifikat des Hofes (rasch wird der geknickte Zweig der Pelargonie vorgezeigt).

»Zitrone, oh!« Der Posten verbeugt sich und wünscht gute Reise.

Rik Wouters, Der Flötenspieler, 1912

DER FLÖTENSPIELER

Der Flötenspieler war das einzige Bild in meiner Berliner Küche, Rykestraße 27, Hinterhof. Ich hatte es an der Wand über der Werkbank angebracht. Die Werkbank war mein Schreibplatz – die Bank zum Werk, so dachte ich damals. Mit ihrem schweren, rostigen Stahlgestell und den vier Meter langen Holzbohlen füllte sie den Raum beinah vollständig aus. Auf den Bohlen lag die leicht angeschlagene Marmorplatte einer alten Frisierkommode, das war meine Schreibunterlage, die im Sommer angenehm die Unterarme kühlte bei der Arbeit. Noch angenehmer konnte es sein, den Stift fallen zu lassen, die Arme zu drehen und die Pulsadern gegen den Stein zu pressen – fast ein Schock war das, eine wunderbare Kühle, die einem ins Blut fuhr, Rücken und Nacken streckte, über die Kopfhaut rieselte und dabei den Schädel abtastete wie einen kostbaren Helm, dessen Umriss spürbar innen, unter der Haut lag. Ein paar Sekunden saß ich wie gebannt. Das war der Moment, in dem mein Blick auf den Flötenspieler fiel und ich mir wünschte, ein Leben zu führen wie er, in diesem Haus auf einem Hügel mit Blick auf andere

Häuser, getaucht in ein allen Dingen gütiges Licht, ein Leben, das sich vollkommen im Gleichgewicht zu befinden schien.

Seit meiner Schulzeit hatte das Bild von Rik Wouters in einer Mappe mit Reproduktionen gelegen. Unser Zeichenlehrer (eigentlich ein schönes Wort, Zeichenlehrer, aber im Stundenplan hieß er bereits Kunsterzieher und sein Fach Kunsterziehung) hatte uns die Mappe aufgetragen – jeder sollte im Laufe des Schuljahrs eine eigene kleine Sammlung anlegen mit Bildbeispielen aus verschiedenen Epochen. Ich hatte den *Flötenspieler* für die Arbeit eines Impressionisten gehalten, und auch unser Kunsterzieher hatte daran, soweit ich mich erinnern kann, keinen Anstoß genommen. Damals wusste ich weder, wer Rik Wouters war (ich wusste nichts über sein kurzes Leben), noch hatte ich jemals etwas von Fauvismus gehört.

1990: Alle Reisen führten mich nach Frankreich in diesem Jahr, meist in den Süden, in eines der Dörfer des Languedoc, Département Hérault – dort irgendwo spielte, so sah ich es, mein neues Leben. In einem dieser aus Naturstein gemauerten, von der Sonne beschienenen Häuser würde ich sitzen und schreiben, schon ihr Anblick erfüllte mich mit Zuversicht. Ich bräuchte dann meinen Verlag nur regelmäßig mit meinen Gedichten zu beliefern und machte nebenbei vielleicht etwas für die Zeitung, und am Abend würde ich mit meinem verbeulten Ford Escort ganz langsam und gelassen über die Dörfer fahren, Richtung Küste. Am Meer würde ich spazieren gehen, etwas trinken oder weiterfahren bis nach Montpellier, um P. zu treffen … Alle denkbaren Probleme (Welcher Verlag eigentlich? Und welche Zeitung?) und alle vorhersehbaren Schwierigkeiten – die fremde Sprache, der Mann von P. – erschienen mir damals gering. Allein die plötzliche, immer noch vollkommen ungewohnte, beinah bestürzende Möglichkeit, das Leben auch anderswo zu leben, brachte die schönsten Phantasien zum Vorschein. Und was heißt Phantasien? Das waren Pläne, Südfrankreich war mein Plan.

Nicht nur die mediterrane Gegend meiner Träume erkannte ich im Bild des Flötenspielers wieder. Vor allem war es die legere, aber doch geschlossen und ernst wirkende Gestalt des jungen Mannes selbst, jene Haltung von Gelassenheit und Einkehr, nach der ich mich sehnte, wenn ich an meiner Werkbank in der Rykestraße saß. Ich bewunderte seine Unabhängigkeit. Die Ruhe, mit der er seiner Kunst nachging, indem er sie sein ließ und von ihr gelassen war. Wie war das zu schaffen, wie gelangte man dorthin? Wo waren die geheimen Passagen? Wie kam man hinüber in diese Form konzentrierter Abwesenheit, die Voraussetzung war für Poesie?

Aber es gab auch andere Momente. Wenn ich gegen fünf Uhr morgens heimkehrte aus der »Assel« (jener Kneipe, in der ich meinen Unterhalt verdiente, nach der Währungsunion für sieben Mark die Stunde) und den Fehler machte, statt ins Bett noch einmal in die Küche zur Werkbank zu gehen, konnte mir das südliche Leuchten rund um den Flötenmann künstlich und unwahr erscheinen. Dann fiel der Trauerrand ins Auge (die beiden dunklen Vorhänge links und rechts des Fensters) und die seltsame Steife seiner großen kantigen Krawatte, die das Schwarz des Vorhangs aufnahm und dem Flötenspieler wie das schwere Pendel einer Uhr am Hals hing. War es dieses Perpendikel, das seinen Blick nach unten zog? Hatte er die Flöte abgesetzt, um dem Geräusch des Räderwerks in seiner Brust zu lauschen, mit dem sein Spiel so schwer in Einklang zu bringen war?

Kein Flötenspiel, nur Stille im Zimmer. Nur das Geräusch der Zeit. Seine Ruhe war kein Zufall, kein Geschenk, sie war eine Haltung, ein Weg, sich zu halten unter der Sonne, mit Duldsamkeit und Demut – irgendwann sah ich es so.

Einige Jahre war das Bild von Wouters über der Werkbank ein Anhaltspunkt für mich, eine Beruhigung. Der Flötenspieler, der nicht spielt. Der innehält und sich vertieft. Wie er mit gesenktem Kopf (und geschlossenen Augen?) ein Blatt oder ein Buch betrachtete, so konnte ich mit meinen Unterarmen auf der kühlen Marmorplatte (Puls auf Stein) sein Bild betrachten und Einkehr halten in ein Versprechen für später.

Robert Häusser, Straßenfotograf, 1959

DER PHOTOGRAPH & SEIN MOTIV

war es das schwankende licht an
den spitzen der ruten, wohin
die seelen aus dem wasser springen, wenn
die angler schlafen. nein. es

war einmal: ein einfaches haus & ein
einfaches haus schaute aus meinen
augen heraus. das reisen war

in mir unterwegs, die straße
war schon wie durch stuben gehn
    am abend, die hart
in den teppich verlesenen pfade. aber

jetzt ist das märchen zu ende. jedes bild
taucht in sein auge zurück &
hat es auch wirklich verdient & zusammen
sind sie müde & schlafend

gehen sie jedem fänger ins netz

Susanne Schleyer, aus der Serie »Land«, 1995

DER LETZTE KÖNIG VON MAINZ

Es war einmal in Mainz. Da lebte ein König, der war so alt, dass er sich selbst kaum noch daran erinnern konnte, wozu seine Mutter ihn eigentlich geboren hatte. Allein sein lieber Hund erinnerte ihn manchmal daran, dass er ein König war, denn auch die Leute von Mainz hatten ihren Herrscher vergessen. Sie blickten den Mann nur verächtlich an, wenn er mit seinem langen, zotteligen Mantel vor dem Bahnhof auf und ab schritt und die Mülleimer nach Speisen und Getränken durchforschte. Manchmal sprach er dabei ein Wort zu seinem Hund, und sein Hund (sein Name war Buff) antwortete ihm geduldig, denn er war seinem König treu und ergeben.

Nach dem Essen ging der König an jedem Tag vom Bahnhof zum Fluss, dem Rhein, um von einer der Brücken sein Wasser abzuschlagen, denn das war gute alte Sitte. Und während es goldgelb rieselte, murmelte er *rein-rein-rein*, und dankbar murmelte der Rhein zurück.

So vergingen die Jahre. Der alte König wurde noch älter, aber auch schwächer, und eines Tages, unterwegs zum Fluss, versagten ihm die Füße den Dienst. Er musste sich setzen, und als er den Blick hob, erstrahlte über seinem Kopf das Wort KÖNIGSHOF, in königsblauer Neonschrift. Natürlich freute sich der König über das Wort und das Leuchten, denn es war ein Glanz von alters her. Und so betrat er das Haus, obwohl Buff, der Getreue, ihn mit aller Kraft daran zu hindern versuchte. Aber inzwischen, das spürte der Alte, war etwas nicht mehr aufschiebbar.

Just an diesem Abend hatten sich im KÖNIGSHOF die besten und reichsten Bürger von Mainz versammelt, um über die Wahl eines neuen Herrschers zu beraten, wovon der alte König natürlich nichts ahnte. Lautlos und wie von Zauberhand öffneten sich die messingbeschlagenen Flügel der Pforte zum KÖNIGSHOF, doch kaum hatte der König einige seiner sorgsam schlurfenden Schritte über den weißen Marmorboden getan, wurde er von zwei weißgesichtigen Lakaien gepackt. Der König wehrte sich, aber es nützte nichts, und in seiner Hilflosigkeit begann er zu rufen:

»Es ist eine Notdurft! Es ist eine Notdurft!«

Da lachten die Lakaien – der alte Mann und das Wort, das er gerufen hatte, kamen ihnen mehr als seltsam vor. Ohne Weiteres ergriffen sie den Alten und schleiften ihn zurück zur Pforte.

»Eine Notdurft, bitte!«, rief der König noch einmal.

Der getreue Buff schlug heftig an und zeigte seine Zähne, aber die Lakaien traten nach ihm mit ihren angespitzten Schuhen. Und sie gaben den König nicht frei, ehe sie ihn ganz zurück bis vor die Tür gestoßen hatten. Buff winselte (vor Schmerz), und der König wusste, dass es nun zu spät geworden war. Von fern her hörte er das Murmeln des Rheins, *rein-rein-rein*, und schon spürte er das warme Wasser an den Innenseiten seiner Beine. Ein feines, dampfendes Rinnsal ging jetzt von ihm aus und zog sich dunkel über den Weg, weshalb die Untertanen draußen auf der Straße (dumm und treulos, dachte Buff) mit einem Ausdruck stummen Ekels vorüberhasteten. Die Lakaien riefen: »Sodele, sodele!«, und lachten so laut, dass die ganze Versammlung der Besten und Reichsten an die großen Fenster des KÖNIGSHOFES trat, aber niemand erkannte den König, und natürlich gab es dort keinen, der bereit gewesen wäre, dem Alten beizustehen.

Breitbeinig tappte der König die Straße hinunter und lauschte dem sanften *Rein-rein-rein*, das halb aus ihm und halb vom Fluss zu kommen schien. Bis nach Mitternacht stand er auf seiner Brücke, dann sprang er in den Fluss und wurde nie wieder gesehen. Sein getreuer Hund Buff aber hob den Schädel zum Mond, der gerade voll geworden war, und schlug ein Klagen an, das war zum Steinerweichen. Und alle Hunde in der Stadt und ihre Brüder, die Wölfe in den Wäldern, stimmten ein, und nicht enden wollte ihre Klage, die tief wie ein Fluch in die Träume der reichsten und besten Mainzer Bürger schnitt.

Und so geschah es seitdem zu jeder Vollmondmitternacht: Buff schlug an, und alle Mainzer traten wie von Zauberhand geführt hinaus auf ihre Wege. Dort ließen diese Schlafwandler ihr Wasser und murmelten das Wort: »Sodele.« Dann kehrten sie zurück in ihre Betten, um alles wieder zu vergessen. Der Urin aber fraß sich über die Jahre tief ins Gemäuer ihrer Häuser, die Stadt wurde morsch, sie bröselte und bröckelte, und bald kam der Tag, an dem Mainz nicht mehr Mainz war. Mainz war nur noch Untergang. Auch die letzten Besucher blieben nun aus, und, ja, die Mainzer selbst begannen ihre Stadt zu verlassen, vor allem wegen des atemversetzenden Gestanks.

Zu dieser Zeit machte sich Tasso, ein tapferer Hundefänger aus Tasmanien, auf den weiten Weg nach Mainz. Und so kam es, dass er Buff traf, Hund des Königs, nachts am Ufer des Rheins, an seinem Schlafplatz im hohen Ufergras. Buff war nun schon alt und krank und seine Kehle entzündet vom Klagen. Ohne sich noch länger zu besinnen, zog Tasso in eines der verlassenen Häuser von Mainz und pflegte Buff. Er kraulte ihm das Fell hinter den Ohren, er brachte ihm Wasser und etwas Fleisch, und er nannte ihn Buffy. Buffy aber wurde schwach und schwächer, und kaum hatte der getreue Hund des Königs seinen letzten Atemzug getan, verschwand der Fluch.

Am Morgen darauf fand Tasso nur das alte Halsband und eine Goldmünze auf Buffys Lager. Mehr ist nicht geblieben. Nur das und die Geschichte des letzten Königs von Mainz, dem man die Notdurft verweigert hatte.

SODELE ist ein bekanntes schwäbisches Wort. Dem im Hochdeutschen vielfältig benutzten *So* wird ein nur im Schwäbischen mögliches Diminutiv angehängt. Nach Thaddäus Troll drückt das Wort die Befriedigung über eine zufriedenstellend abgeschlossene Tätigkeit aus, egal, ob diese im Wirtshaus, im Bett oder am Schreibtisch stattgefunden hat.

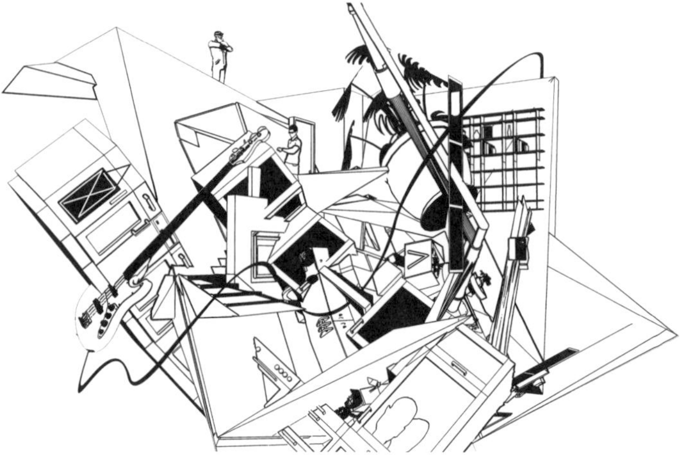

Via Lewandowsky, Der Ableser, 2011

DER ABLESER

»›Er geht gern selbst vor Ort‹, sagte sie.
›Mit seiner Taschenlampe.‹«
Donald Barthelme

Mit halb geschlossenen Augen stand ich da und lauschte. Es war noch sehr früh am Morgen. Schon öfter hatte ich im Traum die Klingel gehört und war erwacht. Ich ging dann zur Tür, aber es war niemand da, und in Wirklichkeit hatte auch niemand geklingelt. Als ich zurückkriechen wollte in mein Bett, hörte ich die Stimme:

»Ihr Ableser ist da!«

Mein Ableser! Warum? Und warum gerade jetzt?

Ich hatte kaum geschlafen, wie so oft in diesen Tagen. In der Nacht war ich über ein paar lächerlichen Zeilen verzweifelt. Im Grunde kämpfte ich seit Wochen, währenddessen mein Gedächtnis schrumpfte. Ich hatte Wortfindungsstörungen, immer absurdere Wortfindungsstörungen, wie zum Beispiel hieß das Wort …

Noch einmal die Klingel.

Es war ein alte, elektromechanische Klingel, ein winziger Klöppel, der rasend auf ein kompottschüsselförmiges Metallstück (eine Art Glocke) schlug. Am Ende stand der Klöppel still, aber es gab einen Nachklang, die Glocke tönte und tönte. Es war dieser alte, fein anhaltende Ton, der Maß nahm und einen hörbaren Umriss erzeugte. Einen Umriss aller Dinge, der Möbel, des Mantels, der Schuhe im Flur und jetzt auch von mir, meiner müden, verschreckten Gestalt. Ich konnte es spüren, an den eiskalten Rändern meiner Ohren: Ich war hörbar geworden. Kein Wunder also, dass der Klöppel noch einmal zu rasen begann.

»Ihr Ableser ist da!«

Sofort fiel mir die Geschichte von Donald Barthelme ein, in der Gott im Overall erscheint und in den Keller steigt, um am Zähler unter der Treppe den aktuellen Stand der Gnade abzulesen – am Zähler! Natürlich, es ging um den Zähler, die Ablesung des Zählers, nicht des Geschriebenen. Ich dachte an das gütige Gesicht Marianne Frischs, der Übersetzerin Barthelmes, die ich einmal in Leipzig am Messestand eines kleineren Verlags (es gibt ihn nicht mehr) kennengelernt hatte. In meiner Begeisterung hatte ich zu dem Verleger, der einen Roman Barthelmes neu herausbringen wollte, gesagt: »Dafür würde ich sogar ein Vorwort schreiben!« »Wie wäre es zuerst einmal mit einem Nachwort?«, hatte der Verleger geantwortet.

»Du bist vielleicht schon ein bisschen verrückt, einfach zu lange allein wahrscheinlich«, murmelte ich in den Flur und öffnete die Tür.

Mein Ableser trug keinen Overall, aber er hielt ein Klemmbrett mit einer Liste vor der Brust. Während er mir eine Art Ausweis entgegenstreckte, murmelte er etwas von »Zutritt gewährleisten« und dann das Wort »Niederspannungsanschlussverordnung«. Das Wort enthielt eine kleine Melodie, die sich augenblicklich in mein Herz schlich.

Mein Ableser war ein großer, ziemlich alter Mann. Im Flur wollte er sich die Schuhe ausziehen, seltsame, riesige Lederbotten ohne Schnürsenkel; ich hinderte ihn daran, und gemeinsam stiegen wir in den Keller. Die Erinnerung an Donald Barthelme und die Güte seiner Übersetzerin hatten mich inzwischen ganz milde gemacht. »Vorsicht, nicht stoßen!«, rief ich, unnötigerweise, denn der Ableser, der vorausgegangen war, bewegte sich sicher und gleitend, ganz so, als kenne er den Weg. Ohne Umschweife öffnete er den graumetallenen Elektrokasten, beugte sich vor, seine Stirn berührte beinah den leise tickernden Zähler, und eine Weile geschah nichts.

Als der Kopf meines Ablesers aus dem Kasten wieder auftauchte, schaute er mich an – mit einem Ausdruck von Sorge und Verlegenheit, wie mir schien. Der *Stand der Gnade*, dachte ich und wie schwer die letzten Wochen für mich gewesen waren.

»Ich habe alles im Auto vergessen, Brille und Taschenlampe, ich muss zum Auto zurück«, murmelte der Ableser jetzt, es klang resigniert.

»Könnte ich das nicht …?«

»Nein.«

Es war ein ernstes Nein.

Die Worte »Netzbetreiber« und »Grundversorger« fielen mir ein und schließlich der ganze Wortlaut jener Postkarte, die mit Sicherheit das Erscheinen meines Ablesers hatte ankündigen sollen, von mir aber nicht aufmerksam genug gelesen worden war – Netzbetreiber und Grundversorger … Er kommt *nie wieder*, schoss es mir durch den Kopf.

Rasch warf ich einen Blick auf meinen Zähler. Das fein geriffelte Rädchen über der Zahl – schwer zu sagen, ob es sich überhaupt drehte. Und wenn, dann viel zu langsam.

Einer Eingebung folgend, zog ich eine Flasche Wein aus dem Kellerregal und hielt sie ihm hin, Naumburger Weißburgunder.

»Der Ableser ist nicht berechtigt, Bargeld, Schecks oder Geschenke entgegenzunehmen.«

»Nur als kleine Anerkennung und …« Es hatte verzweifelt geklungen.

Der Ableser, der bereits in den kleinen Vorraum zur Kellertreppe zurückgetreten war, schaute mich an. Nachdenklich blätterte er in den Seiten auf seinem Klemmbrett. Sicher, ich hatte einen Fehler gemacht, aber er verachtete mich nicht, so viel war im Halbdunkel erkennbar. Vielleicht nicht erkennbar, aber ich konnte es spüren. Er war der Grundversorger.

Am Ende einer nicht messbaren Dauer machte er einen Schritt auf mich zu. Er schob mich sanft beiseite und trat noch einmal an den Zähler und dann sehr nah an mich heran; es war eine einzige Bewegung.

Ohne Weiteres begleitete ich ihn nach oben zur Tür. Dann ging ich an meinen Schreibtisch. Ich notierte mir die Erscheinung des Ablesers und alle mit ihm verbundenen Worte. *Niederspannungsanschlussverordnung*. Es war die kleine Melodie. Ich konnte sie hören, und ein sanftes Strömen frischer Gnade setzte ein.

Naomi Schenck, aus dem »Archiv verworfener Möglichkeiten«, Nr. 101, 2009

IM KINOBUNKER

1

Es begann mit dem Plakat – die Schrift schwarz gerahmt, ähnlich wie in Todesanzeigen. Jahr für Jahr hing es in den Bahnhöfen, Haltestellen und an den Bäumen entlang der Straßen. Die Überschrift *Musterung* und das Geburtsjahr, das einbefohlen wurde, waren fett gedruckt. Als Kind wusste ich nicht, was Musterung an dieser Stelle bedeuten sollte, was oder wer hatte ein Muster, eine Musterung … Das Wort gehörte noch ganz zur Igelitdecke auf unserem Küchentisch mit ihrem blassblauen Karo und dem dumpfen Glanz, der an jedem Morgen meine müden Augen gefangen hielt.

Das Plakat verschwand, ich vergaß es, und ein Jahr später war es wieder da, es hing an der Kirchenmauer, ein Weg, den ich wenigstens einmal täglich gehen musste. Es gab irgendeine Pflicht, der niemand entging, so viel verstand ich bereits, etwas wurde unausweichlich sein, aber die aufgerufenen Jahre (die fünfziger) lagen unvorstellbar weit in der Vergangenheit. Erst als das Jahr 1960 auf dem Plakat erschien und damit mein eigenes Dezennium angebrochen war, überwand ich mich und blieb davor stehen.

»Meldung hat zu erfolgen am …«, »Mitzubringen sind …«, »Bei unbegründetem Fernbleiben …« und so weiter. Der Text hatte den befürchteten Ernst: keine Möglichkeit, sich davonzustehlen. Von klein auf war ich bereit, an solche Möglichkeiten zu glauben – eine Methode der Verdrängung, die es erlaubte, sich über längere Zeiten halbwegs sorglos zu fühlen. Meine Mutter nannte mich deshalb öfter einen *Luftikus*, was eigentlich nicht richtig war, denn im Grunde spürte ich die Bedrohung genau, über der sich meine selbstgemachte Sorglosigkeit nur augenblicklich auszubreiten versuchte. Nicht ich, aber die Zumutungen der wirklichen Welt konnten unter dieser Tarnkappe für eine erstaunliche Weile zum Verschwinden gebracht werden.

Das Wort *Wehrkreiskommando* beeindruckte mich (und es beeindruckt mich noch heute) – es hatte den Klang einer echten Kriegshandlung. Ich war 17 Jahre alt, als das Geburtsjahr 1963 auf dem Plakat erschien. Am 6. April 1981 betrat ich das Wehrkreiskommando und befolgte damit den allerersten Befehl in meiner Karriere als Soldat.

Das Datum entnehme ich meinem *Gesundheitsbuch*.

Das Gesundheitsbuch wurde am Tag der Musterung begonnen und auf Lebenszeit fortgeschrieben – dafür war es angelegt. Lebensabschnitte erscheinen dort als Phasen der Tauglichkeit. Als Soldat im Reich der Nationalen Volksarmee durchlief man verschiedene, dem jeweiligen Alter und der körperlichen Verfassung angemessene *Verwendungsgruppen.* Von 38 möglichen Verwendungsgruppen kamen am 4. April 1986, zum Zeitpunkt der letzten Eintragung in mein Gesundheitsbuch, noch 27 infrage.

In bestimmter Hinsicht ist das in braune Pappe gebundene Gesundheitsbuch mein erstes Tagebuch. Obwohl rein militärmedizinischer Natur, enthält es eine Reihe von Details, die ich heute mit Erstaunen lese. Eintragung vom 7. Februar 1984: »Am 31.1. sind d. Pat. mehrere Platten ins Kreuz gefallen / Rö LWS / Urinstatus.« Welche Platten? Ich erinnere mich nicht.

Nach der Entlassung aus dem Wehrdienst wurde das Dokument dem Soldaten bis zur nächsten Einberufung »zur persönlichen Aufbewahrung« anvertraut. Damit dabei nichts in Unordnung kommen konnte, sind »Hinweise zum Umgang mit dem Gesundheitsbuch« im Pappeinband des Buches abgedruckt: drei Paragraphen in kleiner Schrift auf dem Innendeckel und drei in weitere Punkte und Unterpunkte gegliederte Maßgaben zum eigenen Verhalten, darunter zum pfleglichen Umgang mit den, wie es hieß, *Heilhilfsmitteln*, zu denen auch die Gasmaskenbrille zählte, die nach dem aktiven Dienst bei ihrem Träger verbleiben und entsprechend gepflegt, geschont und in Bereitschaft gehalten werden sollte. Nach Paragraph 3, Unterpunkt 2, Absatz a war die Maskenbrille »bei jeder erneuten Einberufung zum Wehrdienst mitzuführen«. Ansonsten war es verboten, sie zu benutzen, wie es einige meiner Freunde dann trotzdem taten, weil das kleine Plastikgestell mit den an Einweckgummis erinnernden Bändern um die Ohren beim Fußball einfach nie vom Kopf fallen konnte. Unmöglich war, beim Anblick eines Stürmers mit Gasmaskenbrille nicht an Wolfgang Borchert zu denken, den wir begeistert lasen im ersten Studienjahr: »Das nennen Sie Brille? Ich glaube, Sie sind mit Absicht komisch.«

Was damals im Wehrkreiskommando geschah, habe ich größtenteils vergessen. Ich erinnere mich an meine Bereitschaft, dem beinah fröhlichen Kommandoton, der dort herrschte, Folge zu leisten. Vielleicht wollte ich zeigen, dass ich nicht dumm war und schon verstand, worum es hier ging, und sicher hoffte ich, dass diese Dinge nach überstandener Prozedur möglichst rasch wieder verschwinden würden unter meiner Tarnkappe.

Die Musterung begann, daran erinnere ich mich noch, mit der Abgabe der mitzubringenden Ausweise; dann eine längere Wartezeit im Korridor, vielleicht waren es zwei, vielleicht drei Stunden. Einer ersten kurzen Befragung folgte ein medizinischer Parcours durch mehrere Räume, bei dem wir uns bis auf die Unterhose auszukleiden hatten. Ich war froh, am Morgen nicht vergessen zu haben, Turnhosen anzuziehen und triumphierte insgeheim über die ahnungslosen Typen in den schlabbrigen Feinrippschlüpfern.

Ich wurde vermessen und gewogen, musste auf einer Linie quer durch den Raum balancieren, mich aufrecht halten, mich nach vorn beugen und so weiter. Im Hörtest schaffte ich »sechs Meter bei Flüstersprache«, so steht es im Gesundheitsbuch. Und obwohl ich durch unzählige mit Zoten verzierte Erzählungen wusste, dass *es* kommen würde, war ich schließlich doch überrascht vom schnellen, festen Griff in meine Hose – eine Hand umfasste meine Hoden und spielte sie durch, Hoden und Nebenhoden, die Routine der Berührung, die vier, vielleicht fünf Sekunden anhielt, Vorhaut zurück, keine Verengung und sonst: »Alles da!« Irgendetwas in dieser Art diktierte der uniformierte Arzt in den

Raum, und die Krankenschwester in seinem Rücken notierte es gewissenhaft. Sie saß an einer Schulbank mitten im Zimmer und schrieb ohne aufzublicken; ihre kleine, sorgfältige Schrift im Gesundheitsbuch. Im ersten Moment hatte ich sie für eine Schülerin gehalten.

Das Meiste in der Rede des Arztes blieb unverständlich. Aber der Ton, in dem gesprochen wurde, nahm mir auch die letzte Hoffnung auf ein Wunder. Das allnächtliche Schlafwandeln, von dem ich berichtete, weil es, wie es hieß, zu jener sagenumwobenen Liste von Gründen gehörte, die ausreichen konnten, einen Wehrpflichtigen für »dauernd dienstuntauglich« zu erklären, wurde von Oberarzt Dr. Seyfarth (ich lese seinen Namen und sehe seinen Stempel) regungslos hingenommen.

Es hatte mich Überwindung gekostet, die Geschichte vorzutragen, denn hinter mir, barfuß wie ich und in Hörweite, wartete bereits eine ganze Reihe anderer Kandidaten auf den Abschluss ihrer Untersuchung. Augenblicklich schämte ich mich für etwas, das ich mir doch eigentlich nur ausgedacht hatte. Jedenfalls fand es nicht den geringsten Niederschlag im Gesundheitsbuch.

Damals wusste ich noch nicht, was eine Geschichte

glaubhaft macht. Die Legende vom Schlafwandler bekam Dr. Seyfarth vermutlich mehrmals täglich zu Ohren. Gerade weil *Der Schlafwandler* auf der imaginären Liste der mutmaßlich erfolgreichen Geschichten stand, hätte man ihn wohl vollkommen anders erzählen müssen. Als Anleitung hätten vielleicht die *Bekenntnisse des Hochstaplers Felix Krull* genützt, aber wer ist schon in der Lage, einen epileptischen Anfall vorzutäuschen. Ohnehin wusste ich nichts von diesem oder anderen Büchern, Literatur interessierte mich nicht. Erst bei der Armee begann ich zu lesen.

Während ich also, bemüht um eine feste Stimme, meine angeblich ruhelosen und gefährlichen Nächte ins Feld führte, versuchten einige in der Reihe hinter mir, ihre Bedrückung oder Scham durch Gerede und Gelächter abzuschütteln, wurden aber sofort zurechtgewiesen von einem der Offiziere, die fortwährend durch die Räume patrouillierten. Die Leidensgenossen im Nacken, die Stimmen der Offiziere, das verschlossene Gesicht Dr. Seyfarths (ob er, der Arzt, noch lebt, frage ich mich, und wenn, ob er selbst manchmal an diese Zeit der Schlafwandler denkt?) – unter all diesen Umständen war es nicht leicht, etwas zu erzählen. Sicher, in den Geschichten aus Tausendundeiner Nacht hat die Bedrohung eine andere Dimension, aber die

Bedingungen sind doch vergleichsweise ideal: ein stiller Raum im Kerzenlicht, Vorhänge, Decken und Kissen, mit Seide oder Samt bezogen, und schließlich ein überaus aufmerksamer Zuhörer …

Die Zimmer des Wehrkreiskommandos hingegen waren grell erleuchtet, und das Linoleum glänzte so stark, dass es in den Augen schmerzte. Mit der Zeit wurden die Füße kalt auf dem Boden, der offensichtlich frisch gebohnert oder mit einem besonderen Wachs überzogen war. Wenn man länger auf einer Stelle stand, saugten sich die nackten Sohlen daran fest, so dass die Wartenden unwillkürlich von einem Bein aufs andere traten und damit ein feines, leicht schmatzendes Geräusch erzeugten. Mit der Zeit hörte es sich an, als würde ununterbrochen Papier oder etwas anderes zerrissen, etwas jedenfalls, das seine Gültigkeit ein für alle Mal verloren hatte an diesem Tag.

Am Ende die Musterungskommission, vier Offiziere und ihre Fragen: Ich hatte weder großen Mut noch eine gute Geschichte. Der kleine Mut genügte, um eine längere Dienstzeit zu verweigern (statt achtzehn Monate drei Jahre oder länger) und den Dienst an der Grenze abzulehnen: »Ich glaube, ich könnte einfach auf niemanden schießen« – das genügte, auch ohne Geschichte, so viel wusste jeder.

2

Die Angst setzte schubweise ein. Irgendwann konnte ich den Bahnhofsvorplatz nicht mehr überqueren, ohne an den 1. November, den Tag meiner Einberufung, zu denken. Bevor ich die Bahnhofshalle betrat, zog es meinen Blick unweigerlich nach rechts zu den Gleisen des Rangierbahnhofs. Dort, an einem dieser Gleise, lag die Rampe, vor der sich die Soldaten aus der Stadt und dem Kreis Gera einzufinden hatten.

Einige Monate zuvor hatte ich meinen Freund S. dorthin begleitet, um fünf Uhr morgens. Vor der Rampe war bereits eine größere Gruppe mit Reisetaschen versammelt gewesen. Die ganze Szene war beleuchtet von den Scheinwerfern einiger Lastkraftwagen, deren Motoren im Standgas liefen. Irgendwo auf dem Weg über den Bahnhofsvorplatz verlor ich meinen Freund. Er verabschiedete sich mit einer kurzen Umarmung, überschritt eine unsichtbare Grenze und verschwand. Dabei konnte ich ihn weiterhin gut sehen. Ich sah, wie sich sein Rücken versteifte, seine Schritte wurden kürzer, sein Gehen passte sich ein in das Regelwerk der anderen Seite. Kurz vor der Rampe drehte er sich noch einmal um: Er winkte mir, das heißt, er riss mit einem Ruck den linken Arm in die Luft. Es sah unbeholfen aus und zugleich, als wolle er mir ein Zeichen des Widerstands geben. Dabei war er bereits geblendet von den Scheinwerfern der Mannschaftstransporter. »Zigaretten aus!« war das Letzte, was ich hörte, dann winkte ich zurück, drehte mich um und fuhr nach Hause.

3

Der Sprung vom Mannschaftswagen: Ich bemühte mich, keinerlei Unbeholfenheit zu verraten. Vielleicht zehn oder fünfzehn Offiziere standen am Eingang zu einem mit Stacheldraht umzäunten Gelände, das die Kaserne sein musste. Bisher hatte ich nicht mehr als eine trostlose Ansammlung von Holz- und Steinbaracken gesehen.

»Innnnn – Marschordnung!« Ein paar unter uns wussten, was gemeint war, aber eine Weile dauerte es doch, bis wir in Dreierreihen hintereinander standen. Ich sah die Gesichter der Offiziere, einige wirkten angespannt und einige belustigt. Dabei verlief alles sehr ruhig. Es gab eine kurze, eher nachlässig absolvierte Alkoholkontrolle, für die wir mit unserem Gepäck aus der Reihe treten mussten. Ein paar Minuten lang hörte man nicht mehr als die auf der Landstraße vorbeifahrenden Autos. Aus dem Werksgelände auf der anderen Seite der Straße ragte ein riesiger Schornstein mit der Aufschrift VEB Leuna.

»Taschen – aufnehmen!« Das Kommando hatten, vielleicht versehentlich, mehrere Offiziere gleichzeitig gebrüllt, das heißt, nicht wirklich synchron, so dass ich nicht sofort verstand, was eigentlich gebrüllt worden war, aber ich sah, wie alle augenblicklich ihre Reisetaschen schulterten. Einige trugen sogar Koffer bei sich, obwohl das im Einberufungsbefehl verboten worden war. Auch das nächste Kommando war unverständlich. Sofort spürte ich meine Angst: nicht schnell genug oder vielleicht überhaupt nicht zu begreifen, was an diesem Ort verlangt sein würde. Ein ohrenbetäubendes Pfeifen schnitt durch die Luft, und aus dem Leuna-Schornstein gegenüber stach eine Flamme.

Wir passierten das Tor – ein Gestell aus Stahlrohren, über das kreuzweise und eher nachlässig etwas Stacheldraht gespannt war. Es war frisch gestrichen, sah aber heruntergekommen und nach Eigenbau aus. Schon nach wenigen Metern auf der Straße zwischen den Baracken begann uns einer der Offiziere (Unteroffizier Bade, wie sich später herausstellte) einen Takt zu geben: Links, links, links-zwo-drei-vier … In der dumpfen und vor allem um Bässe bemühten Stimme Bades klang das Ganze wie Lü-Lü, Lü-ho-hei-hier, weshalb zwei, drei Leute lachten. Ein Getuschel kam auf, das von einem zweiten Unteroffizier augenblicklich niedergebrüllt wurde. Als wäre das normal, marschierte dieser Unteroffizier mit seinen beeindruckend blanken Stiefeln quer über die Grünanlagen längs der Kasernenstraße.

Der Versuch, mit Taschen und Koffern den Gleichschritt zu halten, mündete immer wieder in ein groteskes Gehüpf und Gestolper. Das Seltsamste aber war der Dampf, ein weicher, weißer Dampf, der überall aus der Erde quoll, aus den Rissen im Beton der Straße, aus den Fugen der Gehwege zwischen den Baracken, und an einigen Stellen stieg dieser Dampf wie ein wunderbarer Nebel auch aus den Rasenstücken. Der Unteroffizier mit den glänzenden Stiefeln marschierte scheinbar ungerührt darüber hinweg. Schwarzes, blankes, von Wasserdampf beschlagenes Leder – das ist das Eingangsbild meiner Erinnerungen an diese Zeit.

Einweisung in Baracke 6, Stube 10: sieben eiserne Doppelstockbetten, vierzehn Spinde, ein Besenspind, vierzehn Hocker, ein Tisch. Es war das Zimmer am Ende des Flurs, es lag der Stube des Unterfeldwebels Zaika gegenüber – ein Feind, wie sich herausstellen sollte. Die dreizehn Männer auf meinem Zimmer hingegen erschienen mir von Anfang an wie Freunde.

In den folgenden Stunden durchliefen wir die Labyrinthe der Bekleidungs- und Ausrüstungsbaracken. Schon am Nachmittag waren alle in Ausgangsuniform. In einem Flachbau in der Nähe des Tors bekamen wir Suppe und Tee. Von dort marschierten wir die Straße zurück bis zu einem großen bunkerähnlichen Gebäude. Ein riesiger, halbrunder Klotz, über dessen Scheitel sich deutlich ein Riss zog. Zu meiner Überraschung befand sich innerhalb des Klotzes ein Kino, jedenfalls gab es eine Leinwand und etliche Reihen mit Klappstühlen, und bald hörte ich zum ersten Mal das Wort *Kinobunker*.

Der Kinobunker war erstaunlich geräumig. Nur Sekunden nachdem wir Platz genommen hatten, erlosch das Licht. Ich war dankbar für das Dunkel. An den Inhalt des Films erinnere ich mich kaum. Es gab Panzer und andere Waffen, dabei war unausgesetzt vom Frieden die Rede und der schwierigen, aber unabdingbaren Aufgabe, für ihn zu kämpfen, was hieß, ihn zu verteidigen (mit allen Mitteln). Ich hatte die Augen geschlossen, als mich jemand an der Schulter berührte. Es war der Unteroffizier mit den beschlagenen Stiefeln. Er sagte nichts, aber ich wusste, dass ich aufzustehen hatte. Mein Schatten fiel auf die Leinwand und mischte sich unter die Bilder eines Gefangenenlagers. Dann zeigte der Film eine im Krieg vollkommen zerstörte Stadt; auf einer der Ruinen kniete ein Rotarmist und schwenkte die Fahne der Sowjetunion, während mein gebückter Schatten unter ihm wegglitt.

Der Unteroffizier und ich gingen auf ein paar dünne, langgezogene Lichter zu. Für einen Moment sah ich den Soldaten am Vorführapparat. Er wirkte gelassen, und ich bewunderte ihn. Dafür, dass er das alles längst kannte, und dafür, dass er es überstanden hatte, ich dachte *überlebt*. An der Wand am anderen Ende des Bunkers waren einige Spiegel angebracht. Vor den Spiegeln befanden sich mächtige Stühle mit metallenen Armstützen, Kopfstützen und einer höhenverstellbaren Sitzfläche. Es hatte allein mit meiner Verfassung zu tun, dass ich zuerst an elektrische Stühle dachte. Ohne Zweifel handelte es sich um nichts anderes als die Einrichtung eines Friseursalons – das waren große, breite, mit armeegrünem Leder gepolsterte Frisierstühle. Die Sitzflächen waren rissig, und die Rückenlehnen glänzten fettig im Licht der Trichterlampen, die an langen Stangen von der Decke des Bunkers hingen.

Der Frisiersalon im Kinobunker. Die Holzbänke

hinter den Stühlen stellten offensichtlich eine Art Wartebereich dar. Alle Plätze waren schon besetzt, und ich musste stehen. Die Schränke zwischen den Waschbecken und auch die Fliesen darüber hatte man grün überstrichen. Ein älterer, dickleibiger Offizier trat zwischen die Frisierstühle und gestikulierte. Er sah sehr unzufrieden aus, offensichtlich ging es um die Frage, weshalb die Friseure ihre Arbeit noch nicht begonnen hatten. Es war Hauptmann Buddrus, Chef des sogenannten Technikparks, wo ich ihn später kennenlernte, an unzähligen Parktagen und während meiner Ausbildung zum Fahrer eines *W 50 Ballon*, eines Lastkraftwagens mit außerordentlich breiten Reifen.

Die Schneidemaschine übertönte den Film, eine Art Häckselgeräusch. Es war angenehm, wenn die Maschine den Nacken heraufkam, rund um die Ohren hingegen bedrohlich. Die Friseure trugen weiße Gummischürzen über ihren Uniformen – als seien sie nur auf einen Sprung herübergekommen aus der Küche oder dem Kasino. Fest stand, dass sie keine Friseure waren, doch sie beherrschten die kleinen Maschinen, und wie der Soldat am Vorführapparat hatten sie uns wenigstens ein halbes, manche sogar ein ganzes unglaubliches Jahr Kasernenerfahrung voraus.

Am Abend vor der Einberufung hatte mir meine Mutter die Haare geschnitten. Der schmale Gang zwischen den Einbauschränken unserer Neubauküche: Zuerst musste ich nach links rutschen für die rechte, dann nach rechts für die linke Seite. Mit einem Handspiegel vor dem Gesicht hatte ich jeden Millimeter diskutiert, vollkommen umsonst, wie sich jetzt herausstellte.

Der Friseur bog meine Ohren nach vorn und sagte etwas, was ich nicht verstand. Die Maschine war zu laut. Ich roch seinen Atem und zum ersten Mal auch den Geruch des Desinfektionsmittels, mit dem die Wäsche der Soldaten gespült wurde in der Militärwäscherei Merseburg, alle vierzehn Tage war Wäscheabgabe. Früher oder später verursachte das Desinfektionsmittel einen feuerroten, erbärmlich juckenden Ausschlag zwischen den Beinen – dann benötigte man eine Salbe. Die Salbe wurde im *Medpunkt* ausgegeben, es war Kortison, das wir über die Monate in großen Mengen verbrauchten. Von möglichen Nebenwirkungen war dabei nie die Rede, und es interessierte auch nicht, solange es etwas gab, das die Glut an den Innenseiten unserer Oberschenkel lindern konnte.

Ich sagte »Aha« oder »Ach ja«, während der Friseur meinen Jackenkragen benutzte, um die Maschine abzustützen, und damit wie auf einer Schiene um meinen Hals herumfuhr. Auf den Knien unter dem Umhang hielt ich das Käppi meiner Uniform; es war eigenartig, wieder eine Kopfbedeckung zu tragen. Das Käppi machte ein Kopfgefühl, das aus der Kindheit stammte: Winterferien, Skiausflüge, Abdrücke auf der Stirn und den Ohren oder die Mütze ganz vor dem Gesicht und wie sie nach und nach vereiste von dem in der Wolle gefrorenen Atem … Rings um den Stuhl hatten sich Haare angehäuft, und die Friseure wateten mit ihren Stiefeln darin herum.

Geschützdonner hob an in meinem Rücken, im Spiegel war ich Teil des Films: Panzer, die über Bodenwellen rasten und zugleich über mein fahles Gesicht im Neonlicht. Auf- und Abwinken von Kanonenrohren und mein verschreckter Blick. »Teilstreitkräfte im Vorwärtsgang …« Für einen Moment schien es möglich, sie durch das bloße Verziehen eines Mundwinkels zu Fall zu bringen. »Panzer, mein Junge, das sind fahrende Särge!« Das hatte mein Großvater gerufen, von seinem Platz auf dem Sofa her, die große, schwere Häkeldecke über den Knien, er musste es wissen. Im Spiegel sah ich mein Gesicht. Unter dem barbarischen Geräusch der Schneidemaschine kam ich das erste Mal zur Ruhe. Ganz konnte ich nicht ablassen in meinem Bemühen, etwas von der Handlung des Films oder den Kommentaren zu erhaschen. Vielleicht, so dachte ich, gibt es Inhalte, die später erfragt werden oder auf irgendeine Weise Bedeutung erlangen würden für mein Überleben unter den neuen Umständen. »Unsere Luftstreitkräfte, ausgerüstet mit modernster Technik ...«

»Schluss, Schluss jetzt! Ab zum Bild!« Auf Kommando des Hauptmanns verstummten die Maschinen. Links neben dem Wartebereich der Friseure begann eine Schlange, die sich in den seitlich gelegenen, kaum erleuchteten Teil des Bunkers zog. Die Reihe der Rekruten endete vor einem hölzernen Verschlag, dessen schmale Tür sich in regelmäßigen Abständen öffnete.

Erst als ich auf dem Hocker saß, im Licht einer Lampe, die mir warm ins Gesicht schien, sah ich, dass der Fotograf eine Frau war. Augenblicklich schämte ich mich für den Anblick, den ich bot: die neue, steife Uniform, der frisch geschorene Schädel. Und ich empfand Abneigung gegen den Unteroffizier, der ihr assistierte, obwohl er mich mit einer gewissen Freundlichkeit angesprochen hatte, ganz anders jedenfalls als Bade oder Buddrus. Aber das hatte mit *ihr* zu tun, nicht mit mir – so viel verstand ich sofort.

Etwas sagte die Fotografin noch zu mir. Ich glaube,

sie sagte: »Bitte einmal hierher schauen!« Dabei hob sie mit der rechten Hand einen Stift auf halbe Höhe. Bevor sie wieder ganz hinter ihrer Kamera verschwand, sah ich, dass sie dunkle Haare hatte und noch jung war. Sie trug keine Uniform und war trotzdem hier, im Kinobunker. Ich starrte auf ihre kleine helle Hand mit dem Stift. Es war ein Kugelschreiber.

Wenn ich heute meinen Wehrdienstausweis mit der eingeschweißten Erkennungsmarke aufschlage, sehe ich diesen Blick auf den Stift und die Hand, die vollkommen ruhig in der Luft geblieben war, die schmale helle Hand der Fotografin mit ihrem Taktstock, wie sie diesen Augenblick diktierte. »Danke!« – Vielleicht hatte sie danke gesagt, vielleicht nicht. Die Hand ging herunter, und einen Moment starrte ich ins Leere. Aus dieser Leere tauchte die Uniform des Unteroffiziers auf, der mich hinausschob und den Nächsten vor die Kamera rief. Das erste Mal seit meiner Ankunft in der Kaserne fühlte ich mich erschöpft und niedergeschlagen.

Das Foto in meinem Wehrpass (»Lichtbild in Uniform«), den ich bis heute gemeinsam mit dem Gesundheitsbuch und anderen Überbleibseln aus der Vergangenheit in einer Art Lebenskiste aufbewahre, spricht eine andere Sprache. Dort lächele ich ein wenig, und der Kopf ist wie leise fragend nach rechts geneigt. Die Bögen der Augenbrauen und die herzförmige Linie der Oberlippe zeichnen alles weich und wirken beinah versöhnlich. Andererseits: Das Lächeln ist in den Mundwinkeln wie festgezurrt. Und die Augenlider sind etwas gesenkt, was dem Gesicht einen Ausdruck von Abstand und Misstrauen verleiht. Was man sehen kann, sind zwei vollkommen verschiedene Ausdrücke, zur selben Zeit, im selben Gesicht. Unmöglich zu sagen, wer ich war in diesem Moment. Leicht zu erkennen ist nur, dass derjenige, der auf dem Foto abgebildet ist, sich bemüht hat, seine Bedrängnis zu verbergen, so gut wie nur möglich.

Je länger ich das Bild betrachtete, umso diffuser wurden die Dinge. Am Ende empfand ich nur noch Wehmut, Bedauern – und Selbstmitleid. Und schließlich Wut auf alles, was dazu geführt hatte, dass ich in diesem Bunker gelandet war, das bloße Gesicht im Licht der Kamera, restlos ausgeliefert und um Haltung bemüht, mit einem seltsamen und, wie mir jetzt schien, ganz unnützen Stolz.

Als ich meinen Wehrdienstausweis ein paar Tage später noch einmal aufschlug, änderte sich für einen Moment der Richtungssinn des Ganzen: Plötzlich war es der zwanzigjährige Soldat, der *mich* ansah. Eine Irritation – aber der Eindruck war stark, unabweislich, und also gab ich nach, ich ließ es zu, und sofort tauchte die Frage auf, ob er mich mit diesen leicht zusammengekniffenen Augen *schon damals* gesehen haben könnte, vor fünfunddreißig Jahren, als sein Blick auf die erhobene Hand mit dem Schreibgerät gerichtet war: Ein Blick in die Zukunft – und deshalb sein Lächeln? Der Gedanke bewirkte augenblicklich Gleichberechtigung zwischen ihm und mir, und meine Wut begann zu verfliegen. War dieser Blick nicht solidarisch und voller Verständnis? Ich von damals ermunterte mich von heute, zurückzuschauen in den Verschlag mit der Fotografin und dem Unteroffizier, zurück auf den Frisiersalon im Kinobunker, zurück auf den Tag der Einberufung und den Tag der Musterung, zurück auf das Plakat mit dem Jahrgang 63 und der Trauerschrift, zurück auf die Scham im Augenblick der Fotografie. Für einen Moment erkannte ich den Umriss einer Wahrheit, die ganz aus dem weichen, unnachgiebigen Stoff der Geduld gemacht war: Im Leben ging es um Geduld. Es ging um den Sinn, auf den alles, was uns irgendwann einmal geschehen ist, geduldig wartet.

Edward Hopper, Cape Cod Evening, 1939

GOOD EVENING KAP

hier draußen lieben sie ihre
kleinen zersessenen hunde. es ist hier auch
nicht so weit
vom sofa bis zum zaun
wie in america. und abends
wenn das licht ausgeht
oben, in den bäumen
lehnt ein kleiner zersessener schatten am tor
und sagt:
hier draußen werde ich geliebt, verstehen sie, geliebt

AM KAP DES GUTEN ABENDS

Mitte der neunziger Jahre war ich von Berlin nach Wilhelmshorst gezogen, zunächst in ein Haus am Ortsrand. Der Sandboden auf den Wegen und die Kiefern rundum bedeuteten für mich »Norden«. Wenn wir früher in den Ferien von Thüringen aus an die Ostsee fuhren, begann für uns in dieser Gegend die Küste, dahinter lag das Meer.

Wie ein Eingangsbild unseres neuen Wohnens erschien mir *Cape Cod Evening* von Edward Hopper, das damals als Postkarte über meinem Schreibtisch hing. Das aufmerksam zerstreute Hinschauen, aus dem Gedichte entstehen, hatte aus »Cape Cod« ein »Cape Good« gemacht, und daraus war schließlich »Good Evening Kap« geworden, der Titel zum ersten Gedicht, das ich »draußen« in Wilhelmshorst schrieb. In der mir fremden märkischen Landschaft zwischen mir fremden Menschen, die sich eher selten grüßten auf der Straße, hatte ich Schreibzustände, die ich vom Wohnen in der Stadt nicht kannte. Ich fühlte mich wohl, vom ersten Tag an.

Indem das Tageslicht erlischt, oben in den Bäumen,

enden die wenigen Zeilen mit dem Satz eines Hundes, genauer eines Hundeschattens, der am Tor steht und sagt: »hier draußen werde ich geliebt, verstehen sie, geliebt«. Noch in der vorletzten Fassung stand ein Fragezeichen hinter »geliebt«. Aber dann wollte ich gern, dass das Wort »geliebt« ohne besonderen Akzent gelesen werden kann, am besten fast tonlos, wie ich es selber lese. Beim Lesen spreche ich das Fragezeichen hinter »verstehen sie«, und möglichst so, dass von der Betonung lediglich das »sie« ergriffen wird – womit eine Art Ansprache entsteht, die meint: Ich kleiner zersessener Schatten verstehe es nicht – und sie? Sie? Sie verstehen es auch nicht. Niemand versteht *geliebt*.

Der einzelne Pinselstrich bleibt bei Hopper sichtbar, aber er ordnet sich unter, der Gesamtwirkung des Bildes und dem, was es zu erzählen hat. Für das Gedicht ein ideales Vor-Bild. Auch die Surrealität der Hundefigur (klein, sprechend, zersessen und am Ende nur ein Schatten seiner selbst) sollte sich, so dachte ich, nicht vordrängen. Die Zurückhaltung bewirkt, dass der lapidar erzählende Gestus und die relative Ruhe an der Gedichtoberfläche von ihrer seltsamen Erscheinung nahezu unberührt bleiben. Die Atmosphäre des Sonnenuntergangs oder das Lehnen am Tor waren mir im Gesamtbild des Gedichts genauso wichtig wie die

Erwähnung des Sofas (Wo der kleine Hund zersessen wird? Jeden Abend, wenn er wieder hereinkommt vom Tor?) oder der Vergleich mit »america«. Die hier aufgerufene Vorstellung von Weite und die alte, kolonial anmutende Schreibweise fließen gleichberechtigt ein; das alles mischt sich zu einer Patina von Besinnlichkeit, unter der die vermutbaren Umstände einer Liebe eingelagert sind, einer Liebe, wie sie am Ende behauptet, vielleicht hoch gelobt, vielleicht bitter beklagt wird – oder beides zugleich, *verstehen Sie?*

EDITORISCHE NOTIZ

Am Kap des guten Abends versammelt Neufassungen oder Überarbeitungen folgender Texte: *Mann mit Uhr*. In: Galerie der Namenlosen. 15 Fiktionen, hrsg. von Elke Schmitter und Hanns Zischler, Berlin 2013, Seite 43-47. *Zitronenpelargonie*. In: Unter vier Augen. Sprachen des Porträts, hrsg. von der Staatlichen Kunsthalle Karlsruhe, Bielefeld 2013, Seite 242-247. *Der Flötenspieler*. In: Du: die Zeitschrift der Kultur, Band 66 (2006-2007), Kabinett der Moderne. Schriftsteller schreiben über Kunst, Seite 22. *der photograph & sein motiv*. In: Ins Wort gesetzt. Zeitgenössische Lyrik zu Fotografien von Robert Häusser, hrsg. von Alfried Wieczorek und Claude W. Sui, Heidelberg 2007, Seite 84. *Der letzte König von Mainz*. In: Grimmland-Märchenhaft. Da Favola!, www.goethe.de. *Der Ableser*. In: Literaturen. Die Zeitschrift für Leser, Nr. 102 (Juli/August 2011), Seite 10. Erweiterte Neufassung in: Geistesblüten. 35 Jahre Autorenbuchhandlung Berlin, Berlin 2011, Seite 140-143. *Im Kinobunker*. Unter dem Titel »Aus der Lebenskiste« in: Naomi Schenck, Archiv verworfener Möglichkeiten. Bilder und Texte, hrsg. von

Ulrich Rüdenauer, München 2010, Seite 68-76. Erweiterte Neufassung in: *Im Kinobunker*. Verlag Ulrich Keicher, Warmbronn 2012. *good evening kap*. In: berührt/geführt, Oberbaum Verlag, Berlin 1995, Seite 7. *Am Kap des guten Abends*. In: Laute Verse. Gedichte aus der Gegenwart, hrsg. von Thomas Geiger, München 2009, Seite 265 f.

BILDNACHWEISE

akg-images, Berlin: Seite 64
bpk, Berlin: 6 (Gemäldegalerie, SMB, Eigentum des Kaiser Friedrich Museumsvereins, Foto: Volker-H. Schneider), 14 (Staatliche Kunsthalle Karlsruhe, Foto: Annette Fischer und Heike Kohler)
Robert-Häusser-Archiv, Curt-Engelhorn-Stiftung für die Reiss-Engelhorn-Museen, Mannheim: 28
Via Lewandowsky, Berlin: 36
Royal Museums of Fine Arts of Belgium, Brüssel: 22
Naomi Schenck, Berlin: 42
Susanne Schleyer, Berlin: 30

INHALT

 Bezugspapier: Carrie Hansen Design, Los Angeles. Gesetzt in der Schrift Minion Pro. Gedruckt auf holzfreies, alterungsbeständiges Werkdruckpapier der Firma Cordier, Bad Dürkheim, von der Memminger MedienCentrum AG. Gebunden in Fadenheftung von der Josef Spinner Großbuchbinderei GmbH, Ottersweier. Printed in Germany. Erste Auflage 2018. ISBN 978-3-458-19455-2